Deutsch³
Praktikum gesucht!

W0044532

Inhaltsverzeichnis

die Autowerkstatt

der Automechaniker

der Chef

das Werkzeug

das Büro

die Agentur für Arbeit

der Schreib-tisch

die Berufsberaterin

Praktikum gesucht!
Personen

Bald sind Sommerferien und Sergio möchte ein Praktikum in einer Autowerkstatt machen. Das ist gut, um Berufserfahrung für später zu sammeln.
Auch Anna möchte ein Praktikum in der Autowerkstatt machen. So kann sie viel für ihren Traumberuf Ingenieurin lernen.
Anna bekommt einen Praktikumsplatz in der Autowerkstatt. Sergio aber leider nicht. Warum?

Zu diesem Buch gibt es Audiodateien, Wortschatzhilfen sowie Lösungen, die mit der Klett-Augmented-App geladen und abgespielt werden können.

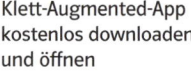

Klett-Augmented-App kostenlos downloaden und öffnen | Bilderkennung starten und Seite mit **diesem Symbol** scannen | Medien laden, direkt nutzen oder speichern

Niveau 1 // leicht

Name: **Sergio Pianelli**
Alter: 14
Herkunft: Mineo, Italien
Traumberuf: Automechaniker
Sprachen: Italienisch,
Englisch

Niveau 2 // mittel

Name: **Anna Doukas**
Alter: 15
Herkunft: Skopelos, Griechen-
land
Traumberuf: Ingenieurin
Sprachen: Griechisch

Niveau 3 // schwer

Name: **Monika Deckert**
Alter: 42
Herkunft: Berlin, Deutschland
Beruf: Berufsberaterin
Sprachen: Deutsch, Englisch

Niveau 1
Sergio Pianelli

🥟 Hier spricht Sergio.
🥟 Hier spricht Anna.
🥟 Hier spricht Monika.
🥟 Hier spricht eine andere Person.

 Für den Hörtext und Wortschatzhilfen diese Seite mit der Klett-Augmented-App scannen (www.klett-sprachen.de/augmented).

Sergio freut sich

Der Wecker klingelt. Es ist 8:00 Uhr.

Sergio streckt sich.
Er hat gut geschlafen.

Sergio freut sich sehr.
Heute ist Montag, aber er muss nicht in die Schule.
Es ist die letzte Woche vor den Sommerferien.
Und es ist ein ganz besonderer Tag.
Heute hat er ein Vorstellungsgespräch für ein Praktikum.

Die Schule mit den vielen neuen Wörtern ist nicht leicht
für Sergio. Aber arbeiten kann er gut.

Sergios Vater ist Installateur und Sergio hilft ihm oft.

Sergio ist fleißig und geschickt.
Das haben ihm in Italien immer alle Erwachsenen gesagt.
Am liebsten möchte er Automechaniker werden.

Um 9:00 Uhr soll Sergio in der Werkstatt sein.

Um 8:30 Uhr steht er auf.

Sergio duscht und putzt sich die Zähne.
Er zieht seine Jeans, einen Hoodie und seine Turnschuhe
an. Die Sachen mag er am liebsten.

Dann macht sich Sergio Frühstück.
Sein Vater ist schon lange bei seiner Arbeit.

Sergio geht zur Haltestelle, aber der Bus ist schon weg.
Er wartet auf den nächsten Bus.
Der Bus kommt. Sergio steigt ein und fährt 15 Minuten.

Um 9:30 Uhr ist er in der Nähe der Werkstatt.

Er sucht mit dem Handy nach der Adresse.

Endlich hat er die Werkstatt gefunden.

Fröhlich geht Sergio in die Werkstatt.

Er sieht das Büro und geht durch die Tür.
Dort sitzt der Chef an einem Schreibtisch.

5

„Ciao, ich bin Sergio", sagt Sergio.
„Ich soll mich hier anmelden."

Doch was ist das?
Der Chef ist gar nicht freundlich.
10
Er sieht richtig böse aus.

15

20

„Der Termin war um 9:00 Uhr", schimpft er.
„Jetzt ist es schon nach 10:00 Uhr."

Der Chef sieht Sergio sauer an.

25

„Jetzt ist der Praktikumsplatz schon weg", sagt er.
„Geh wieder nach Hause, ich muss arbeiten."

Sergio versteht die Welt nicht mehr.

In Italien bedeutet 9:00 Uhr, dass man irgendwann am
Vormittag kommt.
Was hat er falsch gemacht?

Jetzt ist Sergio nicht mehr fröhlich.
Traurig geht er aus der Werkstatt.

Auf der anderen Seite der Straße ist ein Kiosk.
Dort kauft er sich eine Limonade.
Aber sie schmeckt ihm nicht.

Da spricht ihn ein Mädchen an.

Sergio hat sie nicht gesehen.
Er kennt das Mädchen.
Es ist Anna.
Sie gehen beide in die Klasse von Frau Langer.

„Hey Sergio. Was machst du hier?
Und was ist los?", fragt sie.

Sergio erzählt ihr von dem Chef in der Autowerkstatt.

„Der Mann mag mich nicht", sagt er.
„Jetzt ist der Platz weg."

Anna nickt.

„Ich habe den Platz bekommen", erzählt sie.

„An die deutsche Pünktlichkeit musst du dich noch
gewöhnen. Wenn ein Termin um 9:00 Uhr ist,
musst du um 8:45 Uhr da sein."

Anna lacht.

„Die Deutschen brauchen sogar einen Kalender,
um zusammen Kaffee zu trinken."

Hilfe für Sergio

→ „Ich kann dir helfen", sagt Anna.
„Hast du Zeit?"

Sergio nickt.
Heute muss er nicht mehr in die Schule.

→ „Ich habe ein Training für Bewerbungsgespräche
gemacht", erklärt Anna.
„Das war sehr gut!"

Zusammen gehen sie zur Agentur für Arbeit.

Sergio findet es nicht cool, um Hilfe zu bitten.
Da fühlt er sich dumm.

Aber zu der Agentur für Arbeit gehen viele Menschen.
Alle suchen Arbeit.

→ ‚Vielleicht versuche ich es auch mal', denkt Sergio.

Sergio und Anna sind in der Agentur für Arbeit.

Anna klopft an eine Tür.
Aber die Tür ist geschlossen.

◖ „Schade", sagt Anna.
„Frau Deckert ist sehr nett.
Von ihr kannst du viel lernen."

Da kommt eine Frau.
Sie hat einen Kaffee in der Hand.

◖ „Hallo, Anna", grüßt sie.
„Willst du zu mir?"

Anna nickt.

◖ „Ja, aber heute braucht Sergio Ihre Hilfe", antwortet sie.

Sergio lächelt ein bisschen.

Er findet es komisch, von einer Frau Hilfe zu bekommen.
Dafür ist er zu stolz.
Er ist doch der Mann!

Aber dann geht er mit in das Büro.

Sergio setzt sich auf einen Stuhl.
Er fühlt sich nicht gut.

Wie soll die Frau ihm helfen?
Der Chef der Autowerkstatt mag ihn nicht.
Das ist alles.

➤ „Erzähl mal", sagt Frau Deckert.
„Was ist dein Problem?"

Sergio schämt sich ein bisschen.
Aber dann erzählt er, was passiert ist.

➤ „In Deutschland ist vieles anders", erklärt Frau Deckert.

➤ „Pünktlichkeit ist hier sehr wichtig.
Es ist auch wichtig, wie du mit dem Chef sprichst.
Wir können das zusammen üben.
Hast du Lust?"

Da nickt Sergio.

➤ „Gut", sagt Frau Deckert.
„Dann treffen wir uns morgen um 16:00 Uhr.
Und sei pünktlich!"

Sergio lernt viel

Am nächsten Tag ist Sergio fast pünktlich.
Um zehn Minuten nach vier Uhr ist er in der Agentur für
Arbeit. Er klopft an die Tür von Frau Deckert.

◖ „Das geht noch besser", sagt sie.

Aber sie schimpft nicht.
Sergio setzt sich wieder auf den Stuhl.

◖ „Der erste Eindruck ist wichtig bei einem
Vorstellungsgespräch", erklärt Frau Deckert.

◖ „Du musst gute Kleidung anziehen.
Keine Jeans und Turnschuhe."

Sergio findet das seltsam.
Er will arbeiten und nicht zu einer Hochzeit gehen.
Aber er nimmt den Tipp an.

Am Donnerstag hat Sergio wieder einen Termin bei Frau
Deckert.
Heute ist er pünktlich.
Und er hat eine schöne Hose, ein Hemd und schwarze
Schuhe an.

🔸 „Sehr gut!", lobt Frau Deckert.
„Du siehst gut aus. Und jetzt üben wir reden."

Sergio muss ein paar Mal mit ihr sprechen, wie mit dem
Chef.

🔹 „Ciao, ich bin Sergio", sagt er.

🔸 „Nein", korrigiert ihn Frau Deckert.
„So kannst du mit deinen Freunden reden.
Mit einem Chef spricht man anders."

🥕 „Stell dir vor, ich bin der Chef der Autowerkstatt.
Ich kenne dich noch nicht."

Sergio findet das blöd.
Aber er will ein Praktikum machen.
Also macht er das Spiel doch mit.

🌿 „Guten Tag", sagt er.
„Mein Name ist Sergio Pianelli.
Ich komme wegen dem Praktikumsplatz."

Frau Deckert klatscht. Sie ist zufrieden.

🥕 „So ist es richtig!", lobt sie Sergio.

🥕 „Kannst du denn arbeiten?", will sie wissen.

Sergio nickt.

🌿 „Mein Vater ist Installateur.
Ich helfe ihm sehr oft.
Das kann ich gut."

Frau Deckert ist sehr zufrieden mit Sergio.
Dann hat sie eine gute Nachricht für ihn.

Eine zweite Chance

Monika Deckert nimmt ihr Telefon.
Sie wählt eine Nummer.

➤ „Ich rufe jetzt die Autowerkstatt an", erklärt sie.
„Der Chef ist eigentlich sehr nett.
Nur Unpünktlichkeit mag er nicht."

Sergio hört, wie Frau Deckert mit dem Chef telefoniert.
Sie spricht sehr freundlich mit ihm.
Dann legt sie auf.

➤ „Was hat er gesagt?", fragt Sergio.

Er ist sehr aufgeregt.

Frau Deckert lächelt.

➤ „Ich habe gute Nachrichten", sagt sie.
„Du bekommst eine zweite Chance.
Am Montag sollst du noch einmal kommen.
Er kann noch einen fleißigen Jungen brauchen."

Da bedankt sich Sergio.
Frau Deckert hat ihm sehr geholfen.

Am nächsten Montag steht Sergio um 7:00 Uhr auf.
Er zieht sich seine besten Kleider an.

Um 8:00 Uhr klingelt es an der Tür.
Es ist Anna.

„Ich gehe mit dir", sagt sie.
„Dann ist es nicht so schwer."

Sergio freut sich.

Um 8:50 Uhr ist er bei der Werkstatt.

„Guten Morgen", sagt er zum Chef.
„Mein Name ist Sergio Pianelli.

Ich möchte gerne Automechaniker werden
und viel von Ihnen lernen.
Mein Vater ist Installateur.
Er hat mir schon viel beigebracht.
Ich bin ein guter Arbeiter."

Jetzt sieht der Chef nicht mehr böse aus.
Er lächelt sogar.

„Sehr gut!", sagt er.

„Am Montag kannst du anfangen.
Um Punkt 8:00 Uhr geht es los."

➥ „Jetzt feiern wir!", jubelt Anna.

➥ „Aber zuerst bedanken wir uns bei Frau Deckert",
sagt Sergio.

Noch einmal gehen sie zur Agentur für Arbeit.
Frau Deckert freut sich sehr.

➥ „Herzlichen Glückwunsch, Sergio.
Endlich eine gute Nachricht.
Denn meine Waschmaschine ist kaputt.
Und niemand kommt, um sie zu reparieren."

Da lacht Sergio.

➥ „Das kann mein Vater machen", sagt er.
„Der ist Installateur und ich kann ihm helfen."

Frau Deckert freut sich.
Und Sergio auch.
Jetzt hat er nicht nur ein Praktikum.
Er hat auch eine neue Freundin: Anna!

Quiz Sergio

Sergio freut sich sehr. Er hat …
- ☐ ein Vorstellungsgespräch.
- ☐ ein Fußballspiel.
- ☐ Schule.
- ☐ ein Treffen mit Anna.
- ☐ frei.

Der Chef der Autowerkstatt sieht Sergio böse an. Warum?
- ☐ Sergio ist nicht freundlich.
- ☐ Sergio ist zu früh.
- ☐ Sergio ist zu spät.
- ☐ Sergio kann nicht gut Deutsch sprechen.

Anna hilft Sergio. Wo gehen sie hin?
- ☐ Zu Anna nach Hause.
- ☐ In die Stadt Eis essen.
- ☐ In eine andere Autowerkstatt.
- ☐ Zur Agentur für Arbeit.

Bekommt Sergio eine zweite Chance in der Autowerkstatt?
- ☐ Ja, aber erst in den nächsten Ferien.
- ☐ Nein, der Chef mag ihn einfach nicht.
- ☐ Ja, aber er muss pünktlich sein.
- ☐ Nein, er darf nie wieder ein Praktikum machen.

Für die Lösungen diese Seite mit der Klett-Augmented-App scannen (www.klett-sprachen.de/augmented).

Niveau 2
Anna Doukas

- 🫛 Hier spricht Sergio.
- 🫛 Hier spricht Anna.
- 🫛 Hier spricht Monika.
- 🫛 Hier spricht eine andere Person.

 Für den Hörtext und Wortschatzhilfen diese Seite mit der Klett-Augmented-App scannen (www.klett-sprachen.de/augmented).

Der Streit

Anna ist ein bisschen aufgeregt.

Viel früher als sonst steht sie auf und zieht sich ihre schönste
Bluse und einen Rock an.

Heute hat sie ein Vorstellungsgespräch in einer Autowerkstatt.
Sie will Ingenieurin werden.
Dafür muss sie viel über Technik wissen.
Schnell isst sie ihr Frühstück.

Vor der Tür wartet ihre Freundin Paula.
Sie ist auf dem Weg zur Schule.
Sie gehen ein Stück zusammen.

„Denkst du daran, Frau Langer die Entschuldigung von
der Agentur für Arbeit zu geben?", erinnert Anna Paula.

Aber Paula grinst nur.

„Den Zettel habe ich verloren", sagt sie.
„Ist doch nicht so wichtig.
Nächste Woche sind sowieso Ferien!"

Anna ist richtig wütend.

„Auf Freunde muss man sich verlassen können!",
schimpft sie.

Paula aber lacht wieder nur.

„Reg dich doch nicht so auf", sagt Paula cool.
„Lehrer sind doch sowieso blöd.
Was können die uns schon beibringen?
Ich werde Millionärin, da brauche ich kein Mathe,
Deutsch oder Physik."

Doch Anna ist anderer Meinung.
Lehrer verdienen Respekt.

Sie sieht auf die Uhr. Jetzt muss sie selbst noch mal schnell in
die Schule, um sich zu entschuldigen. Aber sie hat nicht viel
Zeit.

Anna lässt Paula einfach stehen und fährt mit dem Bus.

In der Schule redet Anna kurz mit Frau Langer. Sie verspricht
ihr, am nächsten Tag eine Bescheinigung von der Autowerkstatt
mitzubringen.

Anna sieht auf die Uhr.
Sie weiß: In Deutschland ist Pünktlichkeit sehr wichtig.

Von ihrem Taschengeld nimmt sie sich ein Taxi.
Das ist sehr teuer, aber sonst kommt sie zu spät.

In der Autowerkstatt ist Anna eine Viertelstunde zu früh.
Genau richtig, wie sich zeigt. Denn: Lieber zu früh, als zu spät.

◄ „Ich heiße Anna Doukas und komme aus Griechenland",
stellt sie sich beim Chef vor.
◄ „Ich möchte Ingenieurin werden und ich bin sicher, Sie
können mir viel zeigen."

Der Chef stellt Anna noch ein paar Fragen. Er ist zufrieden und
findet Anna gut.

◄ „Du kannst nächste Woche Montag anfangen", sagt er.
„Denn der andere Bewerber ist gar nicht gekommen."

Fröhlich verlässt Anna die Werkstatt.
Da kommt ihr ein Junge entgegen. Es ist Sergio aus ihrer Klasse.
Ob er der andere Bewerber für das Praktikum ist?

Anna geht zu dem Kiosk auf der anderen Straßenseite.
Der Erfolg muss gefeiert werden!

Sie hat gerade noch genug Geld für einen guten Kaffee.

Dann ruft sie ihre Eltern an.
Die sind sehr stolz auf ihre Tochter.

Doch als Anna eine Nachricht von Paula bekommt, wird sie
ärgerlich.

🍃 ‚Na, hast du dich wieder abgeregt?‘, schreibt Paula.

Anna ist stinksauer.

🍃 ‚Was soll der dumme Spruch‘, antwortet sie.
   ‚Ich warte auf eine Entschuldigung von dir.‘

Jetzt ist Anna noch viel besser gelaunt.
Es ist schwer, einer Freundin die Meinung zu sagen.
Das hat sie sehr gut gemacht!

Als der Kaffee fast leer ist, kommt Sergio zum Kiosk.
Er sieht sehr traurig aus.

Ob Anna ihn ansprechen soll?

Sie geht zu ihm.

🍃 „Wolltest du auch ein Praktikum in der Werkstatt
   machen?", fragt sie.

Sergio nickt.

◀ „Ja, aber der Chef mag mich nicht", erklärt er grimmig.
„Da kann man nichts machen."

Anna schüttelt den Kopf. Das kennt sie von Paula: Schuld sind
immer die anderen.

◀ „Du warst viel zu spät", weiß sie. „Das geht in
Deutschland nicht. Bei wichtigen Terminen muss man
sogar zu früh da sein, am besten zehn Minuten früher."

Sergio lacht nur.

◀ „Wofür soll das gut sein?", antwortet er.
„Ich war doch da."

Sergio lässt den Kopf hängen.

◀ „Ich bekomme nie ein Praktikum", sagt er traurig.
„Dabei kann ich doch gut arbeiten!"

Anna spricht Sergio Mut zu. Und sie hat eine gute Idee.

Anna hat eine Idee

Anna wirft ihren Kaffeebecher in den Mülleimer.

◀ „Ich habe früher auch mal so gedacht wie du", sagt sie.
„Bei meinem ersten Bewerbungsgespräch war ich viel
zu spät. Und ich sah aus, als ob ich zu einer Party
gehen will."

Sergio ist überrascht.
◀ „Und was ist dann passiert?", will er wissen.

◀ „Ich habe jemanden um Rat gefragt", sagt Anna.
„Und sogar ein richtiges Training für Bewerbungsgespräche
gemacht. Das hat mir sehr geholfen. Heute war ich fast
nicht mehr aufgeregt. Weil ich weiß, wie ich einen Chef
überzeugen kann."

Sergio trinkt an seiner Limonade.

◀ „Dann sag mir doch, wie das geht", bittet er.

Doch Anna schüttelt den Kopf.

◀ „Nein, das kann jemand anderes viel besser", sagt sie.
„Ich habe ein Training bei der Agentur für Arbeit
gemacht. Wenn du möchtest, gehe ich mit dir hin."

Sergio ist zwar enttäuscht, doch er lässt sich überzeugen.

In der Agentur für Arbeit ist es richtig voll.
Die Stühle auf den Gängen sind alle besetzt.

Anna will unbedingt zu Monika Deckert. Sie hat Anna sehr viele gute Tipps gegeben. Außerdem ist sie sehr nett. Anna hat viele ihrer Tipps übernommen. Darum hat sie ihren Praktikumsplatz bekommen.

5

Doch die Tür von Frau Deckert ist zu.

Als Anna und Sergio schon wieder gehen wollen, kommt Frau Deckert um die Ecke.

10

Sie freut sich sehr, Anna zu sehen und von ihrem Erfolg zu hören.

20

◖ „Können Sie Sergio auch helfen?", fragt Anna.

Frau Deckert sieht auf die Uhr.

25

◖ „Ist gut", sagt sie. „Aber heute habe ich nur kurz Zeit."

Anna tauscht noch schnell ihre Handynummer mit Sergio. Als sie ganz neu in Deutschland war, hätte sie sich auch einen Freund gewünscht, der ihr ein bisschen hilft.

30

Anna geht nach Hause.
Sie freut sich über den Praktikumsplatz. Sie wollte schon immer
sehen, wie man in einer Autowerkstatt arbeitet. Aber fast kein
Chef will ein Mädchen haben.
Hoffentlich ist Anna wirklich gut genug.

Als Anna sich einen Tee macht, klingelt es.
Anna hofft, dass das Paula ist, um sich zu entschuldigen.
Doch es ist ihre Freundin Heidi.

„Mein Fahrrad ist kaputt", erklärt Heidi.
„Kannst du es reparieren?"

Anna geht mit auf die Straße und sieht sich das Fahrrad an.

„Kein Problem", glaubt sie. „Die Schaltung muss nur
richtig eingestellt werden."

Anna holt das Werkzeug von ihrem Vater und fängt an.
Eine halbe Stunde später ist sie fertig und Heidi kann wieder
Fahrrad fahren.

„Du bist wirklich gut", lobt Heidi. „In der Autowerkstatt
haben sie viel Glück mit dir."

Da glaubt Anna wieder an sich.

Dann denkt sie an Sergio.
Hoffentlich lässt er sich von Frau Deckert helfen.

Anna kündigt Paula die Freundschaft

Am nächsten Tag geht Anna wie immer zur Schule.
Paula grüßt sie nur von weitem.
Anna ärgert sich, sagt aber nichts.

In der Pause schreibt sie Sergio eine Nachricht.
Im Unterricht konnte sie nicht mit ihm sprechen und ihr Handy
dürfen sie dann ja nicht benutzen.
Sergio antwortet gleich. Anna freut sich.

Sergio hat heute wieder ein Treffen mit Monika Deckert.
Eine Stunde vorher ruft Anna Sergio an. Damit er auch wirklich
hingeht und pünktlich ist.

Sergio bedankt sich bei Anna. Dann muss er gehen.
Er will nicht zu spät kommen, das hat er Frau Deckert
versprochen.

Anna drückt ihm die Daumen. Frau Deckert kann ihm sicher
helfen.

Dann hat auch Anna ein schweres Gespräch.
Sie ruft Paula an.

Paula tut wieder fröhlich. Sie entschuldigt sich nicht.

Anna bittet sie, am nächsten Tag zu ihr zu kommen.
Es gibt etwas zu klären.

Am Donnerstag sieht Anna Paula fast gar nicht.
Paula steht mit anderen Mädchen auf dem Schulhof.
Wenn Anna vorbeigeht, schaut sie zur Seite.
Anna ärgert das sehr.

Am Nachmittag wartet Anna lange auf Paula.
Um 15:00 Uhr wollte sie kommen, jetzt ist es schon fast halb
fünf. Endlich klingelt es. Paula macht auf cool.

„Was gibt's denn so Wichtiges?", fragt sie genervt.
„Wegen dir kann ich mich nicht mit Ahmed treffen."

Anna ist richtig sauer.

„Du bist viel zu spät", schimpft sie.
„Freunde lässt man nicht warten. Das ist respektlos."

Paula winkt ab.
„Reg dich nicht so auf", sagt sie. „Ich bin ja da. Und jetzt
sag mir endlich, was du von mir willst."

Paula nimmt sich eine Tasse und will sich Tee einschenken.
Doch Anna nimmt ihr die Teekanne weg.

Anna sieht Paula böse an.

„Ich warte immer noch auf deine Entschuldigung",
erklärt sie. „Du hast mir etwas versprochen und es
nicht gehalten."

Paula lehnt sich in ihrem Stuhl zurück.

 „Mach mal langsam, Anna", motzt sie.
„Diese blöde Bescheinigung von der Agentur ist doch
total unwichtig."

Aber Anna ist anderer Meinung.
 „Was du darüber denkst, ist mir total egal",
widerspricht sie. „Aber wenn du mir etwas versprichst,
verlasse ich mich auf dich. So ist das unter Freundinnen."

Paula steht auf.
 „Mir ist das zu blöd", sagt sie sauer.
„Über so einen Mist streite ich nicht."

Anna holt tief Luft.
 „Gut, dann kannst du nicht meine Freundin sein",
antwortet sie ruhig. „Unter Freundschaft verstehe
ich etwas anderes."

Wütend verlässt Paula die Wohnung.

Aber Anna geht es besser.
Wenn etwas vorbei ist, ist es vorbei. Das ist auch bei
Freundschaften so.

Annas Erfolg

Am Nachmittag kommen Annas Eltern von der Arbeit nach Hause. Anna erzählt ihnen von dem Streit mit Paula. Ihre Eltern geben Anna recht. Sie sind sehr stolz auf ihre Tochter.

◢ „Ich habe einen Jungen aus meiner Klasse getroffen", berichtet Anna.
„Früher habe ich ihn nicht wirklich beachtet. Aber er will auch ein Praktikum in der Autowerkstatt machen. Mal sehen, vielleicht werden wir Freunde."

Dann erzählt Anna ganz viel von Sergio. Wie sie ihn getroffen hat und wie sie mit ihm zur Agentur für Arbeit gegangen ist.

◢ „Bei Frau Deckert lernt er alles, was man für ein Vorstellungsgespräch wissen muss", sagt sie.
„So wie ich."

Ihr Vater lobt Anna sehr.

◢ „Ohne dich wäre Sergio nie zu diesem Training gegangen", glaubt er.
„Wenn er ein Praktikum anfängt, dann kann er sich bei dir bedanken."

Anna nickt.
Sie ist sich sicher, dass Sergio das tun wird. Sergio ist ein Junge, auf den man sich verlassen kann.
Bestimmt!

Als Anna aufwacht, ist sie richtig aufgeregt. Heute ist Sergios zweites Vorstellungsgespräch. Sie hofft sehr, dass er heute den Platz bekommt. Aber dafür muss er unbedingt pünktlich sein.

Anna läuft zu seiner Wohnung und klingelt. Sergio ist schon fertig zum Gehen. Aber dann hat er Zweifel.

◄ „Das hat doch keinen Sinn", sagt er traurig.
„Der Chef kennt mich doch schon. Der mag mich sicher immer noch nicht."

Anna spricht Sergio Mut zu.

◄ „Dann musst du ihm zeigen, wie du dich geändert hast", sagt sie. „Sei pünktlich und höflich, aber verstecke dich nicht."

Damit Sergio auch wirklich zu dem Gespräch geht, kommt Anna einfach mit.

Als sie an der Werkstatt ankommen, ist es zehn Minuten vor neun Uhr. Anna sieht Sergio an. Er ist ein bisschen blass im Gesicht. Da gibt Anna ihm ihren Glücksbringer.
Jetzt strahlt Sergio. Selbstbewusst klopft er an die Bürotür vom Chef.

Anna geht zum Kiosk, trinkt einen Kaffee und wartet.
Hoffentlich geht alles gut!
Sergio hat es verdient!

Anna muss drei Kaffee trinken, bis Sergio endlich aus der Werkstatt kommt.

Beim Kiosk angekommen, strahlt er und jubelt.

🌱 „Ich kann am Montag anfangen! Ich war sooo gut!"

Anna lacht. So gefällt ihr Sergio!

🌱 „Dann feiern wir jetzt", schlägt sie vor.
„Was möchtest du trinken?"

Doch Sergio schüttelt den Kopf.

🌱 „Vor dem Feiern muss ich erst noch jemanden
besuchen", meint er.

Eine halbe Stunde später sind die beiden in der Agentur für
Arbeit.

Monika Deckert freut sich sehr als sie von Sergios Erfolg hört.
Anna ist auch stolz auf Sergio. Und auf sich selbst. Ohne sie
hätte Sergio so schnell keinen Praktikumsplatz bekommen.

Doch Frau Deckert hat auch eigene Sorgen. Seit Tagen kommt
kein Handwerker, um ihre kaputte Waschmaschine zu
reparieren. Da fangen Sergios Augen plötzlich wieder an zu
strahlen.

🌱 „Das kann mein Vater machen", verspricht er.
„Der ist Installateur. Ich repariere die Waschmaschine
mit ihm, dann kann ich Ihnen auch helfen."

Anna findet das richtig gut. Sie hat einen neuen Freund
gewonnen. Einen Freund, auf den man sich verlassen kann!

Was will Anna später werden?

- [ ] Installateurin
- [ ] Berufsberaterin
- [ ] Ingenieurin
- [ ] Automechanikerin

Warum ist Anna wütend auf Paula?

- [ ] Paula hat Annas Geburtstag vergessen.
- [ ] Paula hat die Entschuldigung für Frau Langer verloren.
- [ ] Paula hat etwas Falsches über Anna erzählt.
- [ ] Paula kündigt Anna die Freundschaft.

Wer kommt mit einem kaputten Fahrrad zu Anna?

- [ ] Heidi
- [ ] Paula
- [ ] Sergio
- [ ] Monika Deckert

Sergio ist aufgeregt vor seinem Vorstellungsgespräch.
Anna kommt mit und gibt ihm …

- [ ] einen Brief.
- [ ] einen Kuss.
- [ ] eine Blume.
- [ ] einen Glücksbringer.

 Für die Lösungen diese Seite mit der Klett-Augmented-
App scannen (www.klett-sprachen.de/augmented).

Niveau 3
Monika Deckert

Für den Hörtext und Wortschatzhilfen diese Seite mit der Klett-Augmented-App scannen (www.klett-sprachen.de/augmented).

Die kaputte Waschmaschine

Monika Deckert sitzt an ihrem Küchentisch und ärgert sich.

Seit einer Stunde wartet sie auf den Installateur, der ihre
Waschmaschine reparieren soll.
Monika ist extra früh aufgestanden, um alles aufzuräumen.

Vier Wäschekörbe sind voll mit schmutziger Wäsche. Langsam
haben ihre drei Kinder nichts mehr zum Anziehen.
Seit Tagen kann sie nicht waschen und ihre Kinder meckern schon.

Monikas Mann hat versucht, die Waschmaschine zu reparieren.
Aber es ist zu schwierig.

Monika sieht auf die Uhr. Der Handwerker wollte um 7:30 Uhr
kommen. Jetzt ist es schon 8:30 Uhr. Monika hat noch nicht
gefrühstückt und auch keinen Kaffee getrunken.

Jetzt sitzt sie nur dumm rum. Gleich muss sie zur Agentur für
Arbeit, wo sie arbeitet. Ein Mann kommt extra von weit her, um mit ihr
für ein Vorstellungsgespräch zu trainieren. Dem kann sie nicht mehr
absagen.

Monika Deckert nimmt das Telefon. Sie ruft den Handwerker an.
Nach dem fünften Klingeln geht er dran.

„Ich warte auf Sie!", schimpft Frau Deckert.
5   „Wann kommen Sie denn?"

Der Handwerker heißt Klaus Schmidt.
Er entschuldigt sich nicht einmal für die Verspätung.

10   „Das ist nicht meine Schuld", sagt er.
„Es ist Stau auf der A5. Am besten, ich fahre gleich wieder zurück.
Haben Sie morgen Zeit?"

Monika glaubt, dass das nur eine Ausrede ist. Schnell sieht sie im
15   Internet bei den Staumeldungen nach. Auf der A5 gibt es keinen
Stau, steht dort.

„Sie lügen mich an, Herr Schmidt!", antwortet sie wütend.
„Auf einen Handwerker muss ich mich verlassen können, sonst
20   brauche ich ihn nicht. Wer zu spät kommt, macht auch seine
Arbeit schlecht.

Sie kündigt Klaus Schmidt den Auftrag und legt auf.

25   Monika Deckert hasst es, umsonst zu warten.
So ein Verhalten ist respektlos, da wird sie sauer.

Jetzt muss sie sich selbst beeilen, damit ihr Klient nicht warten muss.

Monika springt die Treppen in ihrem Haus herunter, hetzt zum Auto und fährt los. Beinahe rast sie über eine rote Ampel. Und das alles nur wegen dem Handwerker!

„Ruhig, Monika!", sagt sie zu sich selbst.
„Es nützt nichts, wenn du einen Unfall baust. Dann kommst du erst recht zu spät."

Sie sieht auf die Uhr.
Es ist 9:30 Uhr. Noch hat sie genug Zeit bis zu ihrem Termin.

Vor dem Parkhaus ist eine lange Schlange. Viele Autos stehen vor ihr. Es dauert fast zehn Minuten, bis Monika endlich einen Parkplatz gefunden hat.

Um eine Minute vor zehn ist Monika Deckert an ihrem Arbeitsplatz. Sie hat immer noch keinen Kaffee getrunken. Das will sie machen, wenn der Mann wieder gegangen ist. Da hat sie eine Stunde frei.

‚Was für ein Tag!', denkt sich Monika.
‚Es kann nur besser werden!'

Zum Glück ist Monikas Klient pünktlich.
Langsam beruhigt sie sich wieder.

Der Mann ist sehr nett und schreibt sich alles auf, was Monika ihm
sagt. Er möchte dringend eine Arbeit haben und hat drei Vorstellungs-
termine.
Monika gibt ihm jede Menge Tipps, wie man sich gut präsentiert.

Um halb elf steht er auf.

„Vielen Dank, Frau Deckert", sagt er. „Sie haben mir sehr geholfen."

„Das habe ich gerne gemacht", sagt Monika.

Ihre Arbeit macht ihr Spaß, auch wenn heute Morgen alles schief
ging.

„Viel Glück!", wünscht sie dem Mann.

Dann geht sie in die Küche. Jetzt möchte sie endlich ihren Kaffee
trinken.

In der Küche sitzt ihre Kollegin.

„Kennst du nicht einen Handwerker, der meine Waschmaschine
reparieren kann?", fragt Monika.

Doch die Kollegin schüttelt den Kopf.

„Mein Abfluss im Waschbecken ist seit zwei Monaten verstopft",
sagt sie. „Da kommt auch niemand."

Monika seufzt und geht zu ihrem Büro zurück.

Zurück im Büro setzt Monika sich an den Computer. Sie sucht die
Telefonnummern von allen Installateuren der Stadt heraus. Einen
nach dem anderen ruft sie an.

„In drei Wochen können wir kommen", sagt der Erste.

‚In drei Wochen?', wundert sich Monika.
‚Und wie soll ich bis dahin waschen?'

Der Zweite will gar nichts reparieren.
„Kaufen Sie sich eine neue Waschmaschine", rät er.
„Ich mache Ihnen ein super Angebot!"

Genervt ruft Monika den dritten Handwerker an.
Der ist für einen Monat im Urlaub.

Beim Vierten geht nur der Anrufbeantworter an.

„Hinterlassen Sie eine Nachricht, wir rufen bestimmt zurück", hört
Monika.

Sie bittet um einen Rückruf.
Mal sehen, ob das funktioniert.

‚Warum mache ich das eigentlich?', fragt Monika sich schließlich. ‚Darum sollte sich Olaf kümmern.'

Sie versucht, ihren Mann Olaf im Büro zu erreichen. Doch Olaf geht nicht ran. Auf dem Handy hat sie mehr Glück.

„Hallo, mein Schatz", sagt Monika, obwohl sie gerade ein bisschen sauer auf ihren Mann ist. „Ich habe mit den Handwerkern kein Glück. Versuch du es doch bitte mal."

Gerade will sie Olaf die Namen vorlesen, die sie schon angerufen hat. Doch ihr Mann widerspricht ihr sofort.

„Wie stellst du dir das vor?", spricht er ins Handy. „Ich bin gerade auf der Autobahn und unterwegs zu einem Kunden. Mach du das, ich bin sowieso schon zu spät!"

Monika Deckert seufzt.

„Ich arbeite auch!", motzt sie zurück. „Sollen unsere Kinder deswegen mit dreckigen Kleidern in die Schule gehen?"

Olaf Deckert holt tief Luft, das hört Monika am Telefon.

„Tut mir leid, Schatz", antwortet er. „Ich will mich nicht mit dir streiten. Heute Abend kümmere ich mich darum. Okay?"

Monika nickt, obwohl ihr Mann es ja nicht sehen kann. „Okay", sagt sie. „Und fahr vorsichtig!"

Monika Deckert legt auf. Beinahe hätten sie sich wegen der blöden Maschine gestritten.

‚Jetzt brauche ich noch einen Kaffee!', sagt sie zu sich selbst.

Dann geht sie wieder in die Küche.

Als Monika Deckert mit der Kaffeetasse in der Hand durch den Flur der Agentur geht, kommen ihr zwei junge Leute entgegen. Ein Mädchen und ein Junge.

Monika erkennt das Mädchen, es ist Anna.

„Hallo Anna", begrüßt Monika sie. „Willst du zu mir?"

Anna nickt. „Ich habe den Praktikumsplatz!", erzählt die fröhlich. „Vielen Dank, Frau Deckert. Ohne Sie hätte das nicht geklappt!"

Monikas Laune wird gleich besser. Genau das mag sie an ihrer Arbeit: Sie kann anderen Menschen helfen. Doch kaum einer bedankt sich bei ihr. Deshalb freut Monika der Besuch von Anna doppelt.

Dann schiebt Anna den Jungen nach vorne.

„Das ist Sergio", stellt sie vor. „Er möchte auch ein Praktikum machen. Aber genau wie ich braucht er vorher ein bisschen Hilfe."

Monika nickt. Eigentlich hat sie gar keine Zeit. Sie hat noch einen Termin und die kaputte Waschmaschine geht ihr auch nicht aus dem Kopf. Aber das ist jetzt unwichtig. Außerdem sieht der Junge sehr traurig aus. Na gut, eine halbe Stunde hat sie noch.

„Heute habe ich leider nicht so lange Zeit", sagt Monika als sie im Büro sitzen.

„Wie kann ich dir helfen?"

Der Junge sieht so aus, als wüsste er selbst nicht, warum er hier ist.

„Ich hatte ein Gespräch für ein Praktikum", erzählt er. „Aber der Chef konnte mich nicht leiden."

Monika fragt Sergio, wie er das bemerkt hat. Sergio berichtet von seinem Morgen in der Autowerkstatt. Nebenbei erzählt er, dass er viel zu spät war.

‚Noch einer!', denkt Monika. ‚Sind denn heute alle zu spät?'

„Du musst Verantwortung für dein Handeln übernehmen", sagt sie freundlich.
„Nicht immer die Schuld auf andere schieben. Du warst viel zu spät. Bei einem Vorstellungsgespräch geht das nicht. Der Chef nimmt sich extra Zeit für dich."

Sergio nickt einsichtig.

„Während er auf dich wartet, kann er keine Autos reparieren", spricht Monika weiter. „Da hast du einen Fehler gemacht."

Jetzt sieht Sergio noch trauriger aus. Monika muss ihn dringend aufheitern.

„Das geht aber vielen Menschen so, die nach Deutschland kommen", verrät sie. „Pünktlichkeit ist hier sehr wichtig."

Monika seufzt. Sie denkt an ihren Handwerker.

„Aber auch viele Deutsche halten sich nicht daran."

Ein fleißiger Junge

Am nächsten Tag ist die Waschmaschine von Monika Deckert noch
immer kaputt. Keiner der Handwerker hat sich bei ihr gemeldet.
Und ihr Mann hat auch keinen mehr erreicht. Jetzt haben sie kaum
noch etwas zum Anziehen. Was soll sie nur tun?

Um kurz nach vier Uhr klopft es an der Tür in ihrem Büro. Es ist
Sergio.

„Hallo Sergio. Du bist zehn Minuten zu spät", begrüßt Monika ihn
freundlich. „Warum?"

Sergio will eine Ausrede erfinden, das sieht Monika. Doch dann ist
er ehrlich.

„Niemand ist daran schuld", gibt er zu. „Nur ich selbst. Ich habe
den Bus verpasst."

Monika ist zufrieden mit Sergio. Er ist ein lernwilliger Junge, das
gefällt ihr. Sie schaut sich Sergio genau an. Er trägt lockere
Kleidung.

„Der Chef einer Werkstatt sieht dich zum ersten Mal, wenn du dort zur Tür herein kommst", erklärt sie. „Da zählt der erste Eindruck. Bei einem Vorstellungsgespräch muss man sich also gut anziehen. Sonst hat man es schwer."

Sergio schreibt sich den Tipp auf. Am Ende der Stunde ist sein ganzer Zettel voll.

„Kann ich morgen noch einmal kommen?", fragt er. „Ich glaube, ich kann noch viel von Ihnen lernen."

„Ok. Komm wieder um 16:00 Uhr vorbei."

Auch am nächsten Tag ist die Waschmaschine noch immer kaputt. In der Küche ist ein richtiger Berg mit schmutzigen Sachen. Müssen Monika und ihr Mann wirklich eine Neue kaufen?

Eigentlich haben sie ein bisschen Geld für den nächsten Urlaub gespart. Wenn sie es jetzt für eine Waschmaschine ausgeben, können sie nicht drei Wochen wegfahren, sondern nur zwei. Das wäre wirklich ärgerlich! Die ganze Familie hat sich schon so auf den langen Urlaub gefreut!

Um zehn Minuten vor vier klopft es an Monikas Bürotür. Sergio steckt seinen Kopf ins Zimmer.

„Hallo, Frau Deckert", sagt er freundlich.
„Ich bin da, darf ich schon hereinkommen?"

Monika winkt ihn herein.

„Für Jungen, die pünktlich sind, habe ich immer Zeit", antwortet
sie. „Setz dich. Heute üben wir, wie man mit einem Chef redet."

Monika sagt Sergio, was er tun soll.
Monika spielt den Chef und Sergio ist Sergio. Das macht beiden
Spaß.

Immer wieder lachen sie, weil Sergio ein Wort falsch benutzt.
Wenn man sich mag, darf man auch zusammen über Fehler
lachen. So wird Sergio immer lockerer.

Er erzählt von seinem Leben in Italien, und wie seine Familie nach
Deutschland gekommen ist.

Bald vergisst er die Angst, beim Sprechen Fehler zu machen. Das
merkt Monika ihm an.

Monika stellt ihm viele Fragen. Sie glaubt, dass Sergio ein tüchtiger
und verlässlicher Junge ist. So einen Praktikanten kann jeder Chef
gut gebrauchen.

Sie beschließt, sich für Sergio einzusetzen. Er hat gezeigt, dass er
gut zuhört, wenn ihm jemand einen Tipp gibt. Außerdem findet sie
gut, dass Sergio auch schon heute bei ihr gute Kleidung an hat.

„Willst du immer noch Automechaniker werden?", fragt Monika
am Ende der Stunde.

Sergios Augen strahlen.

„Ja, unbedingt!", antwortet er.
„Mit Schrauben und Technik kenne ich mich schon gut aus. Aber
sicher kann ich noch eine ganze Menge lernen."

Wie die Waschmaschine repariert wurde

Monika Deckert hat sich entschieden: Sie muss Sergio ein bisschen helfen. Bei einer Werkstatt anzurufen, traut er sich noch nicht.
Also wählt sie eine Telefonnummer aus ihrer Kartei.

Sofort hat sie den Chef am Telefon.

„Hier ist Monika Deckert von der Agentur für Arbeit", sagt sie.
„Können Sie noch einen fleißigen Jungen für ein Praktikum gebrauchen, der wirklich sehr schnell lernt?"

Der Chef überlegt lange.

„Eigentlich ist der Praktikumsplatz schon vergeben", antwortet er dann. „Aber wir haben in den nächsten Wochen viel Arbeit. Einen wirklich guten Jungen, der nicht nur rumsteht, könnten wir schon noch einstellen."

Monika macht für Sergio einen Termin für den nächsten Tag.
Doch Sergio wird erst mal kreidebleich.

„Ist das wieder die gleiche Werkstatt wie am Montag?", fragt er.
„Da kann ich nicht mehr hingehen. Es ist mir so peinlich."

Monika schüttelt den Kopf.

„Das braucht es nicht", sagt sie. „Wenn du pünktlich bist und dich gut anziehst, kann eigentlich nichts schief gehen. Der Chef ist nämlich sehr nett."

Tatsächlich verspricht Sergio, zu dem Termin zu gehen.
Und er bedankt sich herzlich bei Monika.

Am nächsten Vormittag muss Monika erst um 10:00 Uhr arbeiten.
Aber sie hat schlechte Laune. Ihre Kinder haben genörgelt, weil sie
angeblich überhaupt nichts mehr zum Anziehen haben.
Monika findet auch: Jetzt muss etwas getan werden. Sie könnte
ihre Nachbarin fragen. Die grüßt sie immer so freundlich im Hausflur,   5
dabei kennen die beiden sich kaum.
Kann Monika wirklich dort klingeln? Es ist ihr ein bisschen peinlich.
Aber dann denkt sie an Sergio. Gestern noch hat sie ihm gesagt, dass
er Mut haben soll. Und jetzt hat sie selbst keinen. Also nimmt Monika
sich den Wäschekorb und geht zur Nachbarwohnung.   10

Svetlana öffnet gleich die Tür. Sie kommt aus Russland, spricht
aber recht gut Deutsch. Sie ist sehr hilfsbereit. Natürlich darf
Monika dort ihre Wäsche waschen!   25

Als Monika zurück in ihre Wohnung will, um dort auf die fertige
Wäsche zu warten, bietet Svetlana ihr Kaffee und russischen
Kuchen an.   30

„So spontan sind wir Deutschen nicht", gesteht Monika und nimmt
die Einladung gerne an.

Es wird noch ein sehr lustiger Morgen. Dann fährt Monika fröhlich
zur Arbeit. Gerade sitzt Monika Deckert an ihrem Schreibtisch,   35
als es ungeduldig an ihre Bürotür klopft. Monika sieht auf die Uhr.
Sie hat doch gar keinen Termin, wer könnte das sein?

„Herein!", ruft sie.

Da stürmen Sergio und Anna ins Zimmer.

„Ich habe den Praktikumsplatz!", jubelt Sergio. „Vielen, vielen
Dank, Frau Deckert! Ohne sie und Anna hätte ich das nie
geschafft."

Monika Deckert freut sich mit Sergio.

„Nicht immer anderen die Schuld geben", sagt sie und lacht.
„Du hast auch eine Menge dafür getan. Du hast mir zugehört,
obwohl du am Anfang gar keine Lust hattest, stimmt's?"

Sergio nickt.

„Mir haben die Gespräche mit dir auch viel Spaß gemacht", gibt
Monika zu. „Ich hatte nämlich viel Ärger in dieser Woche. Meine
Waschmaschine ist kaputt und kein Handwerker kommt."

Da strahlt Sergio noch mehr.

„Warum sagen Sie das nicht gleich?", fragt er. „Mein Vater ist doch
Installateur, der beste der ganzen Stadt! Heute Abend kommen wir zu
Ihnen. Er ist nämlich auch sehr dankbar, dass Sie mir geholfen haben."

Monika Deckert überlegt nur kurz, ob sie die Hilfe annehmen kann.
Sie denkt an Svetlana. Die Welt wäre viel besser, wenn die Menschen
mehr um Hilfe fragen würden, glaubt sie. Und viel lustiger.

„In Ordnung!", sagt Monika. „Aber nur, wenn du auch mitkommst.
Und Anna auch. Dann koche ich etwas für alle. Mein Herd ist ja
schließlich nicht kaputt."

Was ist kaputt?
- [ ] Der Computer von Monika Deckert.
- [ ] Die Waschmaschine von Familie Deckert.
- [ ] Der Herd von Familie Deckert.
- [ ] Die Dusche von Familie Deckert.

Monika wartet auf den Handwerker. Jetzt ist es 8:30 Uhr.
Wann wollte der Handwerker kommen?
- [ ] Um 8:00 Uhr.
- [ ] Um 7:00 Uhr.
- [ ] Vor einer Stunde.
- [ ] Um viertel nach acht.

Wie kann Monika Sergio helfen?
- [ ] Mit einem Training für Bewerbungsgespräche.
- [ ] Sie gibt ihm die Adressen von vielen anderen Autowerkstätten.
- [ ] Sie gehen gemeinsam zur Autowerkstatt.
- [ ] Sergio darf in der Agentur für Arbeit ein Praktikum machen.

Monika erklärt Sergio: Das geht aber vielen Menschen so, die
nach Deutschland kommen. …
- [ ] Pünktlichkeit ist hier sehr wichtig.
- [ ] Gut Deutsch sprechen ist hier sehr wichtig.
- [ ] Pünktlichkeit ist hier nicht wichtig.
- [ ] Gut Deutsch sprechen ist hier nicht wichtig.

Wer kann Monikas Waschmaschine reparieren?
- [ ] Ihre Nachbarin.
- [ ] Ihr Mann Olaf.
- [ ] Sergios Vater.
- [ ] Der Handwerker Klaus Schmidt.

 Für die Lösungen diese Seite mit der Klett-Augmented-App
scannen (www.klett-sprachen.de/augmented).

Deutsch³

Weitere Infos:
http://www.klett-sprachen.de/deutsch3